每年的一月一日是新年。

新年也被称为元旦。"元"是开始、第一的意思;"旦"上面的日代表太阳,下面的一代表地平线,意思是太阳从地平线上升起,新的一天开始了。因此把"元"和"旦"两个字结合起来,意思就是新年开始的第一天。

由于世界各国所处的经度不同,各国的时间也不同,因此"元旦"的日期也有所不同。

International Date Line
日界线

比如大洋洲的岛国汤加（Tonga）位于日界线西边，是世界上最先开始新一天的地方，也是先庆祝元旦的国家。而位于日界线东边的西萨亚（Samoa）是世界上最晚庆祝元旦的地方。

新年是一个全球性的节日，世界各地都会庆祝新年。很多国家也都把元旦定为法定节日，在元旦这天放假。

通常人们庆祝元旦的方式是新年倒计时和烟花表演。下面我们就来看看世界各地的烟花表演。

在十二月三十一日晚上，来自世界各地的
百万民众聚集在美国纽约（New York City）的时
代广场（Times Square），一起等待新年钟声的
敲响。十二点的钟声一响，美丽的烟花绽放在时
代广场的上空，增添了节日的气氛。

在英国伦敦（London）的泰晤士河（River Thames），随着大本钟在十二点敲响钟声，一万多枚烟花从泰晤士河的上空齐发，照亮了整个泰晤士河。烟花齐发的同时，音乐也随之响起，人们一起庆祝新的一年的到来。

因为澳大利亚（Australia）接近日界线，悉尼（Sydney）也因此成为了世界上最早迎接新年的城市之一。特别的是，为了让需要早睡的小朋友也能看到烟花表演，悉尼第一波家庭烟花表演在晚上九点就开始了。看完美丽的烟花后，小朋友们就可以安心睡觉了。

你是如何庆祝元旦的呢?

Glossary

	Pinyin	English Definition
元旦	yuán dàn	New Year's Day
代表	dài biǎo	to represent
地平线	dì píng xiàn	horizon
经度	jīng dù	longitude
日界线	rì jiè xiàn	date line
庆祝	qìng zhù	to celebrate
全球性	quán qiú xìng	worldwide
法定节日	fǎ dìng jié rì	official holiday
倒计时	dào jì shí	countdown
烟花	yān huā	fireworks
表演	biǎo yǎn	performance
聚集	jù jí	to gather
等待	děng dài	to wait for
敲响	qiāo xiǎng	to sound a bell
绽放	zhàn fàng	to blossom
增添	zēng tiān	to increase
气氛	qì fēn	atmosphere

Glossary

	Pinyin	English Definition
迎接	yíng jiē	to welcome
特别	tè bié	special

Copyright © 2022 by Level Learning INC.

All rights reserved. No part of this book in whole or part may be reproduced without written permission from the publisher

Author: Jingyao Qi, Level Learning

Simplified Chinese Edition

- This is the last page of this book. -

www.ingramcontent.com/pod-product-compliance
Lightning Source LLC
Chambersburg PA
CBHW041217070526
44583CB00001B/20